AF494551

NOUVELLE LOI DES LOYERS

(PROMULGUÉE LE 1er AVRIL 1922)

Exposé pratique par
PIERRE DORMOY
··· DÉPUTÉ DE PARIS ···

Cette brochure contient en outre d'un exposé général de la loi, des tableaux synoptiques, de nombreux exemples, la liste des lois antérieures, des extraits essentiels de ces lois, ainsi que le texte *in-extenso* de la loi nouvelle. Un index alphabétique permet au lecteur de trouver de suite le point de la loi qui l'intéresse.

10e MILLE

LIBRAIRIE DE L'HUMANITÉ
142, RUE MONTMARTRE PARIS

Prix : 1 fr. 25

Locataires syndiquez-vous !

... ... Le siège de l'Union confédérale des Locataires est :

23, rue du Renard
Paris IVe

INTRODUCTION

Les auteurs de la nouvelle loi des loyers affirment avec insistance qu'elle constitue « la législation définitive des loyers ».

Ils entendent dire par là que le 1er janvier 1925, date à laquelle les effets de la nouvelle loi doivent cesser, nous serons revenus — sauf pour quelques prorogations acquises aux baux, ou retardées — à la situation d'avant-guerre, au « droit commun », et que toutes les mesures de protection des locataires qui ont dû être prises dans ces dernières années seront abolies.

C'est là pure illusion.

Le texte voté par les Chambres y pousse, mais la crise du logement sera loin d'être terminée en 1925.

La situation sera alors à peu près ce qu'elle est aujourd'hui, et une nouvelle « nouvelle loi des loyers » s'imposera.

Ce n'est donc pas une seizième loi de circonstance qu'il eût fallu.

Il ne s'agissait pas seulement de faire face aux difficultés présentes.

Le problème du logement eût dû être examiné dans son ensemble et sous tous ses aspects.

C'est une des plus graves questions qu'une société ait à résoudre. De la solution qu'elle lui donne dépend, pour une large part, l'hygiène et la beauté de la vie.

Il n'est pas étonnant que, dans le régime économique actuel, l'examen profond du problème ait été encore une fois ajourné.

On ne peut l'aborder en effet sans discuter la légitimité du privilège dont jouit la propriété foncière urbaine.

Aussi pouvons-nous dire sans hésiter qu'il n'est pas possible de compter en France sur la Bourgeoisie dirigeante actuelle pour le résoudre. Elle n'ose pas ou elle ne veut pas.

Il y faudra cependant venir. Et les solutions qui paraissent aujourd'hui extrêmes à certains apparaîtront à tous, au fur et à mesure que la crise s'accentuera, comme légitimes et en tous cas inévitables.

Quelles sont-elles?

Ce sont : la taxation du prix des loyers; la réglementation rigoureuse du marché des loyers et de la construction; l'absorption dans le domaine municipal de toute la propriété urbaine à usage d'habitation.

Autrement dit : c'est la socialisation du logement.

EXPOSÉ GÉNÉRAL

La nouvelle loi prépare donc le retour au « droit commun » à partir du 1er janvier 1925.

Entre le régime des prorogations sans augmentation de prix institué par la loi du 9 mars 1918, celui plus confus des « maintiens en jouissance dans les lieux loués » par décision du juge, créé par les dernières lois provisoires, et le « droit commun », les Chambres ont voulu créer un *régime transitoire,* sorte de palier, préparant ce retour par la suppression progressive de toutes les garanties et protections légales qui avaient dû être accordées aux locataires depuis 1914.

Pour atteindre ce résultat, il fallait :

1° Préciser et reviser les droits créés par la loi initiale de 1918 et celles qui l'ont complétée. C'est l'objet du Titre premier de la nouvelle loi.

2° Déterminer la situation des locataires actuellement non protégés et de ceux qui cesseraient petit à petit de l'être au fur et à mesure de l'expiration des prorogations en cours. C'est l'objet du Titre II.

3° Prendre un certain nombre de dispositions tendant au rétablissement d'un marché des loyers normal, c'est l'objet du titre III.

Les locataires se trouvent donc répartis, sauf quelques exceptions, en trois grandes catégories.

La *première catégorie* comprend les locataires d'avant guerre et assimilés (cessionnaires, etc.), dont la prorogation n'est pas encore terminée ou même, dans certains cas, commencée.

La *seconde catégorie* comprend :

1° Les locataires qui étaient jusqu'ici sans aucun droit, locataires de guerre, d'après guerre, etc.

2° Les locataires dont la prorogation ou l'autorisation provisoire, donnée par le juge de rester dans les lieux loués, est terminée.

3° Elle comprendra, en outre, les locataires actuellement prorogés, au fur et à mesure de l'expiration de leur prorogation actuelle.

Seuls les locataires habitant les communes dont l'énumération est faite dans la loi (voir Tableau II, page 18), peuvent bénéficier des nouvelles prorogations.

La *troisième catégorie* comprend les locataires privés de toute protection et de tout droit. (Voir pages 9 et 22).

PREMIÈRE CATÉGORIE

TITRE PREMIER

Voir le Tableau I (pages 12 à 17)

ANCIENNES PROROGATIONS

REVISION ET PRÉCISION DES DROITS des locataires dont les prorogations sont acquises en vertu des lois du 9 mars 1918 et 23 octobre 1919

Précision des droits

1° La loi fixe d'une manière définitive la date du point de départ de ces prorogations (voir Tableau I, page 14).

2° Elle établit définitivement les droits des cessionnaires, sous-locataires de baux commerciaux, industriels ou professionnels (voir Tableau I, page 13).

3° Elle définit ce qu'il faut entendre par local professionnel (voir Tableau 1, page 15).

4° Elle prolonge toutes les prorogations d'un délai suffisant pour achever le terme en cours (voir les exemples, pages 23 et 25).

Revision des droits

5° Elle limite, à dater du 24 octobre 1919, à une durée totale de 9 ans pour les locaux d'habitation et de 15 ans pour les locaux commerciaux, industriels et professionnels, l'effet de la prorogation (voir Tableau I, page 15, et exemples, page 25).

6° Elle oblige le prorogé à participer aux charges de l'immeuble à compter du terme qui suit la promulgation de la loi. Certaines catégories de locataires sont préservées de cette augmentation (voir Tableau I, page 16).

7° Elle fait supporter au locataire qui a sous-loué avec bénéfice, sans accord avec le propriétaire, une augmentation de loyer proportionnée à ce bénéfice (voir Tableau I, page 16).

8° Elle suspend, en faveur de certaines catégories de propriétaires mobilisés ou victimes de la guerre, et dans certains cas, l'effet de la prorogation à partir du 31 décembre 1922, à moins que le locataire n'appartienne lui-même à ces catégories (voir Tableau I, page 17, et exemples, page 27).

Sauf les droits résultant...

9° Enfin les nouvelles dispositions ne sont pas opposables aux droits résultant d'accords intervenus entre les parties ou de décisions judiciaires ayant acquis l'autorité de la chose jugée, que ces accords ou décisions soient favorables ou défavorables aux locataires. Il n'y a d'exception que pour les cessionnaires et sous-locataires et les occupants de locaux professionnels — art. 3 et 4 de la loi — (voir pages 13, 15 et 31).

Exclusions

Les exclusions prévues par la loi du 9 mars 1918 (étrangers, etc.), subsistent (voir Tableau I, page 17).

Suppression des Commissions arbitrales

Les Commission arbitrales sont supprimées. Elles termineront les affaires déjà inscrites à leur greffe « pour conciliation ».

Tous les litiges relatifs aux lois sur les loyers seront réglés conformément à la procédure fixée par la nouvelle loi.

⁂

Passage dans la 2e catégorie

Dès que la prorogation acquise en vertu des lois des 9 mars 1918, 4 janvier 1919 et 24 octobre 1919 est terminée, le locataire passe dans la 2e catégorie et subit le sort de celle-ci (voir pages 6, 18 et 27).

DEUXIEME CATÉGORIE

TITRE II

(Voir Tableau II, Pages 18 à 22)

PROROGATIONS NOUVELLES

DROITS NOUVEAUX

Dans les communes auxquelles la loi s'applique (voir pages 18 et 32) :

a) Les locataires actuellement sans droits dont la location est terminée ou se terminera avant le terme d'usage précédant le 1er janvier 1923, et ceux dont la prorogation est déjà terminée ou se terminera avant le dit terme d'usage, ont droit, sous certaines conditions :

1° A une prorogation de plein droit jusqu'à ce terme d'usage, soit, par exemple : à Paris, le 1er octobre 1922; soit, en province, à la saint Michel, le 29 septembre 1922, ou encore la saint Martin, le 11 novembre 1922, etc. ;

2° A une prorogation facultative de 3 mois au moins et qui ne peut aller au delà du 1er janvier 1925.

b) Les locataires dont la location ou la prorogation se terminera après le terme d'usage précédant le 1er janvier 1923 n'ont droit qu'à une prorogation facultative.

Conditions

(Voir Tableau II, pages 20 et 21)

1° Satisfaire à toutes les obligations contractées ou imposées judiciairement.

2° Occuper le local par soi-même ou par des proches l'occupant antérieurement.

3° S'engager à payer et payer pendant toute la durée de la prorogation une majoration du prix du loyer en rapport avec l'*augmentation des charges*, les *améliorations* et la *valeur réelle des locaux.*

Déchéance

Si le locataire n'exécute pas l'une des obligations qu'il a contractées pour obtenir la prorogation, il est déchu de son droit et retombe dans le droit commun.

Exceptions

Ces règles générales subissent plusieurs exceptions.

1° En faveur du propriétaire qui veut habiter par lui-même ou par certains de ses proches le local pour lequel la prorogation est demandée (voir Tableau II, page 21, et exemples, page 28).

2° Sont exclus du bénéfice des nouvelles prorogations certains étrangers, certains locataires possédant plusieurs locaux, les locaux de plaisance, les locaux constituant un accessoire du contrat de louage de service (voir Tableau II, page 22).

Nullité des renonciations au bénéfice de la loi

Toute renonciation générale au bénéfice de la loi avant sa promulgation est nulle. Elle est réputée non écrite. Ainsi la promesse écrite donnée à un propriétaire, avant le 1er avril 1922, de ne pas se réclamer de la loi alors en discussion est sans valeur.

Locations récentes

Pour les locations récentes, le juge peut refuser la majoration s'il estime qu'elle n'est pas justifiée.

Locaux insalubres

Les locaux dont l'insalubrité a été reconnue par les organismes administratifs prévus par la loi sur l'hygiène ne peuvent faire l'objet d'aucune augmentation.

La liste de ces locaux doit être consignée à la mairie.

Démarches à faire. — Juridiction. — Procédure. — Délais

On trouvera au Tableau II (page 19) et à l'art. 18 de la loi (page 34), l'indication des démarches à faire, de la juridiction, de la procédure, ainsi que des délais dans lesquels les locataires doivent agir.

Les règles établies par la nouvelle loi pour trancher les litiges entre propriétaires et locataires obligent ces derniers à quelque circonspection. Ce sont en effet les locataires qui, en cas de désaccord, doivent faire les premières offres quant au prix et à la durée de la prorogation.

Or, les articles 8 et 10, qui prétendent guider le locataire, de même que le propriétaire et le juge dans leur appréciation quant à la durée de la prorogation et au nouveau prix, sont des plus obscurs.

La durée de la prorogation sera fixée, dit l'article 8, « suivant la condition respective des parties, l'état des locaux vacants dans la région et toutes les circonstances de la cause ».

La majoration, dit l'article 10, doit être « en rapport avec l'augmentation des charges, les améliorations et la valeur réelle des locaux ».

En fait, c'est le juge qui appréciera.

Le locataire a donc le plus grand intérêt à réclamer la prorogation la plus longue, soit jusqu'au 1er janvier 1925, et à faire les offres de prix qui lui paraissent les plus justes.

En cas d'accord amiable, le locataire ne doit accepter d'augmentation qu'à la condition que le propriétaire lui accorde par écrit la prorogation jusqu'au 1er janvier 1925 sans nouvelle augmentation de prix.

Droits des tiers

Les prorogations accordées n'ouvrent aucun droit à des dommages-intérêts au profit d'un acquéreur de l'immeuble ou d'une personne ayant loué à bail avant la promulgation de la loi. Toutefois, si la prise de possession d'un local loué à bail est retardée, le locataire futur pourra résilier sa convention dans les trois mois de la promulgation de la loi.

Cautions

Les prorogations accordées ne pourront être opposées aux cautions dont les obligations prendront fin aux dates primitivement fixées par la convention.

TROISIÈME CATÉGORIE

TITRE III

LOCATAIRES SANS DROITS

La 3e catégorie comprend d'abord les locataires des communes exclues du bénéfice du titre II de la nouvelle loi qui, dès maintenant, sauf les locataires dont les anciennes prorogations ne sont pas encore terminées, sont soumises au droit commun.

Elle comprendra en outre, au fur et à mesure de l'expiration des prorogations anciennes ou nouvelles, les locataires auxquels le juge aura refusé tout renouvellement et ceux qui auront été, par suite de la non-observation de leurs engagements, déchus du droit à la prorogation (voir pages 20 et 33).

Enfin elle comprendra *les locataires des immeubles construits ou affectés à l'habitation après la promulgation de la nouvelle loi.* Ces immeubles (art. 21) sont en effet préservés de toutes les mesures restrictives du droit de propriété pouvant résulter des diverses lois existantes sur les baux à loyers.

Les locataires de cette 3e catégorie qui, dans l'esprit de la loi, ira grossissant jusqu'à comprendre finalement tout le monde, n'auront à leur disposition pour se défendre, en ce qui concerne le loyer, que la loi sur la spéculation illicite en matière de loyers, et cela jusqu'au 23 octobre 1922 seulement (voir page 44), et en ce qui concerne l'expulsion, que le recours au juge de paix ou, suivant le prix du loyer, la procédure du référé.

*
* *

Le Titre III comprend un certain nombre de dispositions qui veulent avoir pour but de faciliter le retour à une situation normale du marché des loyers.

Plusieurs mesures du même ordre se trouvent à tort réparties dans les deux premiers titres.

Nous les avons rassemblées ou rappelées dans ce chapitre pour plus de clarté.

Mesures favorables aux locataires

1° *Limitation du privilège du bailleur. Insaisissabilité du petit mobilier.* — Le locataire et le propriétaire peuvent limiter d'accord, le gage spécial affecté à la créance, à une partie du mobilier garnissant les lieux loués. Mais en aucun cas le propriétaire ne pourra saisir les meubles, effets mobiliers, ustensiles et objets nécessaires à la nourriture, au coucher et au travail du locataire et de sa famille (art. 11).

2° *Loyer d'avance.* — Les loyers d'avance qui ont été utilisés en vertu de l'article 25 de la loi du 9 mars 1918 peuvent ne pas être reconstitués (art. 12).

3° *Locaux insalubres.* — Les locaux reconnus insalubres, ainsi qu'il a été dit plus haut, ne peuvent être l'objet d'aucune augmentation.

4° *Interdiction des transformations* de locaux d'habitation en établissements de spectacles, de danse ou en local industriel ou commercial (art. 15).

5° *Abandon par les ministères des locaux privés.* — L'obligation faite aux ministères et administrations publiques d'abandonner avant le 1er juillet 1922 les locaux privés qu'ils ont occupés depuis le 1er août 1914 tend, comme la disposition ci-dessus, à rendre ou à conserver à l'habitation les locaux existants.

6° *Contre les spéculations* qui accompagnent la recherche des logements ou appartements (art. 17). Cet article vise l'interdiction et la répression des conventions imposant soit une reprise de mobilier, soit une remise supplémentaire d'argent, etc.

Mesures favorables aux propriétaires

Mesures favorables aux propriétaires. — Ces mesures visent, soit à arrêter l'augmentation du prix des loyers par l'allègement des charges qui ont atteint ou atteignent la propriété, soit à encourager la construction.

1° *Un nouveau délai d'un an* pour demander les 50 0/0 pour perte de loyer résultant de la loi de 1918 est accordé aux propriétaires qui ont omis de faire leur demande dans les délais (art. 5).

2° *Dispense, sauf nécessité d'hygiène et de sécurité, d'opérer le ravalement des maisons* (art. 19).

3° *Exonération d'impôts pendant* 15 *ans* pour les nouveaux immeubles et les modifications amenant une augmentation du nombre des locaux d'habitation dont les travaux seront achevés avant le 31 décembre 1927 (art. 20).

Etrangers

Il n'est pas sans intérêt de signaler que la nouvelle loi exclut un plus grand nombre d'étrangers de son bénéfice que ne le faisait la loi de 1918. On était, il est vrai, alors en pleine guerre.

La comparaison des articles des deux lois, art. 62 de la loi de 1918 et art. 9 de la loi nouvelle, montre le chemin parcouru vers la restriction.

Champ d'application de la loi

La nouvelle loi s'applique à l'Algérie.

Des décrets édicteront, dans un délai de six mois, les mesures qui pourraient être nécessaires dans les colonies et pays de protectorat français, sauf la Tunisie et le Maroc.

Pourquoi la Tunisie, le Maroc et les pays de mandat, sont-ils exclus de l'application de cette loi?

On peut se demander s'il ne s'agit pas de protéger les colossales spéculations qui s'y développent sur les terrains et les constructions.

Spéculation illicite

Mais cet exposé ne peut être terminé sans souligner la nécessité qui s'imposera de prolonger les effets de la loi du 23 octobre 1919 sur la spéculation illicite et sur l'obligation de l'affichage et de la déclaration à l'Office public d'habitation des locaux vacants.

Les dispositions réglementaires et répressives que contient cette loi apparaîtront en effet d'autant plus nécessaires que le nombre des locataires non protégés par le droit à la prorogation augmentera.

⁂

Telle est cette nouvelle loi, qui soulèvera inévitablement, par l'obscurité de certains de ses textes et par sa complication, maint conflit.

Les tableaux synoptiques, les exemples et les textes qui suivent permettront à ceux qui voudront retrouver leur cas ou se faire une idée plus complète de la législation des loyers, de le faire facilement.

TABLEAU PREMIER

1re Catégorie. — TITRE PREMIER DE LA LOI (s'applique à toutes les Communes de France).

ANCIENNES PROROGATIONS

DROITS REVISÉS

DES LOCATAIRES PROROGÉS EN VERTU DES LOIS DU 9 MARS 1918 ET DU 23 NOVEMBRE 1919

Cas des locataires d'avant-guerre et assimilés (cessionnaires et sous-locataires) dont la prorogation n'est pas encore terminée et parfois pas encore commencée.

Formalités qu'il faut avoir accomplies ou qu'il faudra accomplir pour avoir la prorogation.	*Locataires d'avant-guerre et locataires mobilisés par ordre de mobilisation individuelle après le 1er août 1914 et ayant loué entre cette date et leur mobilisation.*	Locations ordinaires (autrement dit : baux verbaux).	Notification au propriétaire par acte d'huissier au plus tard dans les vingt jours de la réception du congé.
		Baux écrits.	Notification par acte d'huissier trois mois avant l'expiration du bail. Si le locataire était mobilisé au moment de l'expiration du bail, la notification a dû être faite dans les trois mois qui ont suivi le 24 octobre 1919.
	Locataires occupant le local du fait d'un bail écrit ou verbal renouvelé depuis le 1er août 1914 entre les mêmes parties (voir aux annexes la loi du 23 octobre 1919).	Les formalités sont les mêmes que pour les catégories ci-dessus. Toutefois les notifications qui n'avaient pu être faites avant la loi spéciale du 23 octobre 1919 ont dû l'être dans les 30 jours suivants.	
	Cessionnaires et sous-locataires de locaux à usage d'habitation dont la cession ou la sous-location est antérieure au 24 octobre 1919 (voir la loi du 23 octobre 1919).	Les formalités sont les mêmes que ci-dessus. La notification du cessionnaire a dû ou doit être faite au propriétaire, celle du sous-locataire au locataire principal.	
	Cessionnaires et sous-locataires de locaux à usage commercial, industriel ou professionnel, quelle que soit la date de la cession ou de la sous-location.	Les formalités sont les mêmes que ci-dessus. Dans les trois mois à dater du 1er avril 1922, les cessionnaires ou sous-locataires qui auraient été antérieurement privés du bénéfice de la prorogation, même par une décision judiciaire passée en force de chose jugée, sauf si cette décision a été exécutée, peuvent formuler leur demande de prorogation suivant la procédure créée par la nouvelle loi pour les nouvelles prorogations (voir plus loin).	

TABLEAU PREMIER (Suite)

Pour toutes les catégories de locataires d'avant-guerre et assimilés dont la prorogation n'est pas encore terminée ou même parfois commencée

Point de départ de la prorogation	*Locations ordinaires (baux verbaux)*	Le premier jour du terme qui a suivi la **notification** faite soit par lettre, soit par acte d'huissier, de la volonté du locataire de profiter de la prorogation qui lui était accordée par la loi, qu'il y ait eu ou non congé donné par le propriétaire. Dans le cas où il n'y a pas encore eu ni congé du propriétaire, ni notification du locataire, la prorogation n'est pas encore commencée. Elle ne commencera que lorsque le congé aura été donné par le propriétaire et la notification faite par le locataire dans les vingt jours du congé. Si la notification est antérieure au 24 octobre 1919, la prorogation a commencé à courir à partir de cette date.
	Baux écrits	Le 24 octobre 1919 pour les baux expirés avant cette date. La fin du bail pour les baux expirés après le 24 octobre 1919, sauf si une autre date a été fixée par un accord à l'amiable ou un jugement.

Pour toutes les catégories de locataires d'avant-guerre ou assimilés dont la prorogation n'est pas encore terminée ou même parfois commencée

Durée de la prorogation	*Locaux d'habitation*	Non mobilisés. Mobilisés ayant 2 ans ou moins de 2 ans de mobilisation. Mobilisés gros loyers (voir aux annexes art. 15 de la loi du 15 mars 1918).	Deux ans.	La prorogation est toujours prolongée d'une durée suffisante pour achever le terme en cours. La prorogation ne peut prolonger la location au delà d'une durée totale supérieure à 9 ans, à dater du 24 octobre 1919.
		Mobilisés petits loyers ayant plus de 2 ans de mobilisation.	Durée de la mobilisation.	
	Locaux à usage commercial ou industriel	Prorogation égale à la durée légale des hostilités (5 ans, 2 mois, 23 jours).		La prorogation est toujours prolongée d'une durée suffisante pour achever le terme en cours. La prorogation ne peut prolonger la location au delà d'une durée totale supérieure à 15 ans, à dater du 24 octobre 1919.
	Locaux à usage professionnel	Même durée que ci-dessus. La loi entend par locaux à usages professionnels les locaux tels que ceux occupés par les avocats, médecins, professeurs, artistes, écrivains, journalistes, ministres des différents cultes, percepteurs, receveurs de contributions et toute personne exerçant effectivement dans le local son art ou sa profession. Les établissements de bienfaisance et d'utilité publique sont considérés comme locaux professionnels. Les locataires professionnels qui se seraient vu priver du bénéfice de la prorogation de 5 ans, même par une décision judiciaire passée en force de chose jugée, sauf si cette décision est exécutée, peuvent formuler leur demande dans les trois mois à dater du 1er avril 1922, suivant la procédure créée par la nouvelle loi pour les nouvelles prorogations (voir plus loin).		

TABLEAU PREMIER (Suite)

Pour toutes les catégories de locataires d'avant-guerre et assimilés dont la prorogation n'est pas encore terminée ou même parfois commencée

Conditions dans lesquelles la prorogation est maintenue.	*Augmentation du loyer*	Il faut consentir, à partir du terme qui suit la promulgation de la loi, soit à Paris le terme de juillet à octobre, une augmentation de loyer correspondant à : 1° Une majoration calculée au prorata du loyer correspondant à l'augmentation des impôts frappant l'immeuble, sauf l'impôt sur le revenu foncier et à l'augmentation des prestations payées pour la commodité des locaux (eau, gaz, électricité, vidange, chauffage, etc.) ; 2° Une augmentation de 5 % du prix de 1914.	*Ne subiront pas ces augmentations :* 1° Les locataires déjà augmentés depuis 1914 ; 2° Les locataires ayant été mobilisés dans la zone des armées ; 3° Les réfugiés des régions libérées dont l'habitation est encore détruite et s'ils sont petits locataires suivant l'article 15 de la loi du 9 mars 1918.
	Sous-location avec bénéfice	En cas de sous-location avec bénéfice sans accord préalable avec le propriétaire, le sous-locataire prorogé devra accepter une augmentation proportionnelle aux bénéfices.	
	Cautions	Les prorogations ne sont pas opposables aux cautions dont les obligations prendront fin aux dates fixées primitivement par la convention.	
	Cas du propriétaire qui a été mobilisé	Aucune prorogation n'est opposable par un locataire qui n'a pas été mobilisé à un propriétaire qui, l'ayant été, voudra réintégrer l'immeuble qu'il habitait avant la guerre ou dans lequel il exerçait sa profession.	
	Cas du propriétaire victime de guerre	A partir du 31 décembre 1922, les prorogations cesseront d'être opposables aux propriétaires mutilés ou réformés de guerre, aux veuves de guerre, aux ascendants ayant recueilli la veuve ou les enfants de militaires ou de marins morts pour la France, aux bénéficiaires des lois du 31 mars et du 24 juin 1919, aux sinistrés dont l'habitation a été détruite ou rendue inhabitable par fait ou accident de guerre, à moins que le locataire ne rentre dans une de ces catégories (voir exemples page 27). Toutefois, le propriétaire, dans le cas ci-dessus, devra faire connaître, dans le délai de deux mois après la promulgation de la loi, soit avant le 1er juin 1922, sa volonté de reprendre les locaux loués pour son habitation personnelle. La notification aura lieu par acte d'huissier.	
Sont exclus du droit à la prorogation		1° Les locataires de locaux de plaisance ; 2° Les locataires ayant fait des bénéfices de guerre (la preuve doit être faite par le propriétaire). 3° Certains étrangers (voir art. 62 de la loi du 9 mars 1918).	
Passage dans la seconde catégorie		Dès que la prorogation ancienne résultant des lois des 9 mars 1918, 4 janvier 1919 et 24 octobre 1919 est terminée, le locataire passe dans la seconde catégorie et subit le sort de celle-ci (voir pages 6, 18 et 27).	

TABLEAU II

2e Catégorie de locataires. — TITRE II DE LA LOI NOUVELLE

NOUVELLES PROROGATIONS

DROITS NOUVEAUX

Cette catégorie comprend :

Tous les locataires jusqu'ici sans droit à prorogation (locataires de guerre, d'après-guerre, etc.) ainsi que les locataires dont, soit la prorogation antérieure, soit le maintien provisoire en jouissance (loi de juillet 1921), soit le sursis à l'expulsion (loi de janvier 1922), est terminé, à la condition qu'il habitent :

a) dans le département de la Seine et dans un rayon de 50 kilomètres des fortifications de Paris, dans les communes d'au moins 10.000 habitants et dans les agglomérations distantes de 5 kilomètres de ces communes ; dans celles où le recensement de 1921 accuse soit un accroisse- de population, soit un accroissement du nombre des foyers.

b) dans les régions libérées quelle que soit la situation de la commune.

En outre, les réfugiés qui justifieront que les immeubles de leur commune d'origine sont encore détruits ou, s'ils sont propriétaires, que leur immeuble d'habitation n'est pas encore reconstruit, ont droit aux avantages de cette catégorie.

Formalités à accomplir pour obtenir la prorogation prévue par la nouvelle loi.	A défaut d'accord amiable, le locataire fait connaître, par lettre recommandée ou par acte d'huissier, au propriétaire la durée de la prorogation qu'il sollicite et l'augmentation qu'il accepte.		
	Dans quels délais ? (3 cas.)	1er Cas. — La prorogation ou le bail sont en cours.	La demande doit être faite 3 mois au moins avant l'expiration de la prorogation ou du bail.
		2e Cas. — La location a déjà été dénoncée par le propriétaire. Le congé a déjà été donné.	La demande doit être faite dans les 3 mois de la promulgation de la présente loi, soit avant le 1er juillet 1922.
		3e Cas. — La location est verbale, elle est en cours et n'a pas encore été dénoncée par congé, par le propriétaire.	Attendre le congé et faire la demande dans les vingt jours qui suivront.
	Aucune forclusion ne pourra être invoquée dans les trois mois qui suivront la promulgation de la loi, soit jusqu'au 1er juillet 1922. Le propriétaire doit répondre au locataire par lettre recommandée ou par acte d'huissier, dans les vingt jours de la réception de la demande de prorogation et dire s'il accepte la proposition ou sur quels points il entend la contester. A défaut de réponse ou en cas de désaccord, la partie la plus diligente saisit, par lettre recommandée ou par déclaration faite au greffe, le juge de paix si le loyer en cours ne dépasse pas 1.000 francs; le président du tribunal civil si le loyer dépasse ce chiffre. Les commissions arbitrales sont supprimées et ne continuent à connaître que des affaires inscrites au greffe pour conciliation.		
Durée de la prorogation.	*1° Prorogation de droit.*	Pour les locations déjà dénoncées (prorogations terminées, congés donnés, etc.) avant le 1er avril 1922 ou qui le seront avant le terme d'usage précédant le 1er janvier 1923 : Prorogation de droit jusqu'à ce terme d'usage à Paris jusqu'au 1er octobre 1922).	
	2° Prorogation facultative laissée à l'appréciation du juge, suivant la condition respective des parties, **l'état des locaux dans la région,** *etc.*	*a)* Les locations sus-indiquées pourront bénéficier d'une prorogation suplémentaire laissée à l'appréciation du juge et qui ne peut être inférieure à trois mois ni aller au delà du 1er janvier 1925. *b)* Pour les locations qui se terminent après le terme d'usage précédant le 1er janvier 1923, soit à Paris après le 1er octobre 1922 : Prorogation laissée à l'appréciation du juge comme ci-dessus.	

Conditions dans lesquelles la prorogation est accordée et maintenue.	*Obligations auxquelles il faut souscrire.*	Le locataire devra : 1° Avoir satisfait à toutes les obligations imposées par son contrat, les usages locaux ou les décisions judiciaires intervenues; 2° Occuper et s'engager à occuper, dans la plus grande partie, par lui-même ou les membres de sa famille l'occupant entièrement avec lui, l'immeuble objet de la prorogation ; 3° S'engager à payer et payer pendant toute la durée de la prorogation une majoration du prix du loyer en rapport avec l'augmentation des charges, les améliorations et la valeur réelle des locaux. La majoration pourra être refusée par le juge s'il estime que, pour les locations récentes, elle n'est pas justifiée. Le locataire qui n'exécuterait pas, au cours de la prorogation, l'une des conditions qu'il s'est engagé à respecter, serait déchu du bénéfice de la prorogation. Le loyer des locaux reconnus insalubres, ne pourra faire l'objet d'aucune augmentation. La liste de ces locaux doit être consignée à la mairie. Le propriétaire ne pourra exiger le reversement du montant des loyers payés d'avance, utilisés en vertu de la loi du 9 mars 1918.
	Sous-location avec bénéfice.	En cas de sous-location avec bénéfice sans accord préalable avec le propriétaire, le locataire prorogé devra accepter une augmentation proportionnelle aux bénéfices.
	Cautions.	Les prorogations ne sont pas opposables aux cautions dont les obligations prendront fin aux dates fixées primitivement par la convention.
	Droit du propriétaire à réclamer pour son usage ou celui des siens un local d'habitation.	Le droit à la prorogation n'est pas opposable au propriétaire qui justifie d'un motif légitime pour occuper par lui-même ou faire occuper par ses ascendants ou descendants ou par ceux de son conjoint, à titre d'habitation, un local d'habitation, sauf si le locataire appartient à une des catégories suivantes : Mutilés ou réformés de guerre, veuves de guerre, ascendants ayant recueilli la veuve ou les enfants de militaires ou marins morts pour la France, bénéficiaires des lois du 31 mars 1919 et 24 juin 1919, sinistrés dont l'habitation a été détruite ou rendue inhabitable par fait de guerre ou accident de guerre, chef de famille ayant trois enfants mineurs à sa charge, locataires âgés de 70 ans ou atteints d'une maladie ou infirmité grave dûment constatées. A moins que le propriétaire ou ses enfants n'appartiennent eux-mêmes à l'une de ces catégories (voir exemples page 28). Ce droit n'appartient pas au propriétaire d'une fraction d'immeuble dont l'acquisition autrement que par succession n'avait pas date certaine avant le 1er février 1922 ou qui, postérieurement à cette date, ont acquis un appartement provenant d'un fractionnement d'immeuble effectué antérieurement. Le propriétaire qui n'aura pas occupé l'immeuble dans un délai de trois mois à partir du départ du locataire et pendant une durée minima d'une année, devra au locataire qui aura été congédié une indemnité qui ne pourra être inférieure à deux années de loyer du local précédemment occupé. Une société coopérative ayant acquis un immeuble pour y loger ses adhérents peut réclamer le bénéfice du droit d'occupation du propriétaire.

TABLEAU II (Suite)

Conditions dans lesquelles la prorogation est accordée et maintenue.	*Cas du propriétaire qui a été mobilisé.*	Aucune prorogation n'est opposable par un locataire qui n'a pas été mobilisé à un propriétaire qui l'ayant été voudra réintégrer l'immeuble qu'il habitait avant la guerre ou dans lequel il exerçait sa profession.
	Sont exclus du bénéfice de la prorogation.	1° Les étrangers n'ayant pas combattu ni servi ou dont les enfants ou gendres n'ont pas combattu ou servi dans les diverses formations des armées françaises, alliées ou associées; 2° Les locataires de locaux de plaisance; 3° Les locataires ayant plusieurs habitations, à moins qu'ils ne justifient que leur fonction ou leur profession les y oblige, ou que les locaux d'habitation loués par eux en sus de leur habitation personnelle sont occupés par leurs ascendants ou descendants ou ceux de leur conjoint; 4° Les occupants de locaux d'habitation pour lesquels le logement constitue un des accessoires du contrat de louage de services.

3e Catégorie. — LOCATAIRES SANS DROITS

Cette catégorie comprend :

1° Les locataires habitant les communes qui ne sont par visées par le titre II (art. 7).

2° Les locataires qui par suite de non exécution des conditions acceptées (§ 6 de l'art. 10) par eux pour être admis au bénéfice de la prorogation retomberont dans le droit commun.

3° Les locataires des maisons construites ou affectées à l'habitation après la promulgation de la nouvelle loi (1er avril 1922).

4° Les étrangers n'ayant pas combattu ou servi ou dont les enfants ou gendres n'ont pas combattu ou servi dans les diverses formations des armées françaises, alliées ou associées.

QUELQUES EXEMPLES DE L'APPLICATION DE LA LOI

EXEMPLES RELATIFS A LA PREMIÈRE CATÉGORIE

(Anciennes prorogations résultant des lois du 9 mars 1918 et 23 octobre 1919)

LOCATIONS VERBALES

Point de départ de la prorogation

1er *exemple.* — Il n'y a eu encore ni congé du propriétaire, ni notification du locataire, soit par lettre, soit par acte d'huissier.

Réponse. — La prorogation n'est pas encore commencée. Attendre le congé et notifier par acte d'huissier dans les vingt jours en spécifiant qu'il s'agit de la loi du 9 mars 1918. La prorogation commencera à la date du terme qui suivra la notification.

2e *exemple.* — La demande de prorogation par lettre ou acte d'huissier, qu'il y ait eu congé préalable ou non, est antérieure au 24 octobre 1919.

Réponse. — La prorogation a commencé le 24 octobre 1919.

3e *exemple.* — La demande de prorogation est postérieure au 24 octobre 1919, soit, par exemple, le 2 février 1921.

Réponse. — La prorogation a commencé au terme suivant. A Paris, le 1er avril 1921.

Durée de la prorogation

1er *exemple.* — Locataire non mobilisé. La notification a été faite en temps utile, au plus tard dans les vingt jours du congé.

Réponse. — La prorogation est de deux ans.

2e *exemple.* — Locataire mobilisé, quelle que soit la durée de la mobilisation, gros loyer. (Voir aux annexes, page 40, ce qu'il faut entendre par gros et petit loyer.) La notification a été faite en temps utile.

Réponse. — La prorogation est de deux ans.

3e *exemple.* — Locataire mobilisé, petit loyer. La durée de la mobilisation a été de trois ans, deux mois. La notification a été faite en temps utile.

Réponse. — La prorogation est de trois ans, deux mois, augmentée de la durée nécessaire pour terminer le terme en cours au moment où la prorogation expirera.

4e *exemple* (CAS DU LOCAL DIT PROFESSIONNEL). — Le locataire est journaliste, artiste peintre, etc. ; il est encore dans son appartement.

Réponse. — La prorogation est égale à la durée légale de la guerre, soit cinq ans, deux mois, vingt-trois jours, augmentée de la durée nécessaire pour terminer le terme en cours au moment où la prorogation expirera.

Cette durée est acquise au locataire professionnel même s'il y a eu antérieurement une décision judiciaire contraire. Dans ce dernier cas, pour l'obtenir, le locataire doit suivre la procédure fixée par la nouvelle loi (voir page 34).

Prolongation jusqu'au terme d'usage

Dans tous les cas, LORSQUE LA FIN DE LA PROROGATION, par suite de la durée de celle-ci, notamment pour celles dont bénéficient les locataires qui ont été mobilisés pendant plus de deux ans, NE CORRESPOND PAS AVEC UN TERME D'USAGE, LA PROROGATION EST PROLONGEE DE PLEIN DROIT JUSQU'A LA FIN DU TERME EN COURS.

1er *exemple.* — La prorogation a commencé le 24 novembre 1919. Elle est de trois ans.

Réponse. — La prorogation n'expire pas le 23 novembre 1922, mais à la fin du terme en cours, soit, à Paris, le 1er janvier 1923.

2e *exemple.* — La prorogation a commencé le 1er janvier 1922. Il s'agit d'un locataire qui a été mobilisé pendant deux ans, deux mois.

Réponse. — La prorogation ne se termine pas le 1er mars 1924, mais à la fin du terme en cours, soit, par exemple à Paris, le 1er avril 1924.

Limitation de la durée

En aucun cas, par exemple si par extraordinaire un propriétaire laissait son locataire au prix de 1914 pendant plusieurs années encore, le locataire ne pourrait obtenir postérieurement le bénéfice de la prorogation à laquelle la loi lui donne droit au delà d'une durée de 9 ans pour les locaux d'habitation et de 15 ans pour les locaux commerciaux, industriels ou professionnels à dater du 24 octobre 1919.

Voir en outre les exemples relatifs au droit d'occupation du propriétaire.

Augmentation permise

Dans tous les exemples précédents, le locataire doit, pour conserver son droit à la prorogation, accepter, à partir du terme qui suit la promulgation de la loi, soit, à Paris, le terme du 1er juillet au 1er octobre 1922, une double augmentation, mais qui ne peut être que légère et correspondant : 1° à une majoration des impôts, prestations, etc.; 2° à une augmentation de 5 % du prix d'avant-guerre pour les charges.

Locataires préservés

Aucune augmentation n'est permise si le locataire a déjà été augmenté, s'il a été mobilisé dans la zone des armées ou s'il est réfugié.

⁂

Si la prorogation est terminée, le locataire est passé dans la 2e catégorie et subit le sort de celle-ci.

LOCATIONS A BAIL ÉCRIT

Point de départ

1er *exemple.* — Le bail expirait avant le 24 octobre 1919.

Réponse. — La prorogation commence à cette date.

2e *exemple.* — Le bail a expiré après le 24 octobre 1919, par exemple le 31 décembre 1920.

Réponse. — La prorogation commence le 1er janvier 1920.

3e *exemple.* — Le bail expirera le 31 décembre 1922.

Réponse. — La prorogation commencera le 1er janvier 1923.

Durée

1° Locations d'habitation

Durée de la prorogation : Locataire non mobilisé, locataire mobilisé moins de 2 ans, locataire mobilisé (gros loyer) : 2 ans ;

Locataire mobilisé plus de 2 ans (petit loyer) : durée de la mobilisation du locataire.

La totalisation de la partie du bail restant à courir et de la prorogation ne doit pas dépasser neuf ans, à dater du 24 octobre 1919.

1er *exemple.* — Le bail est en cours. Il restait trois ans, un mois à courir au 24 octobre 1919. La durée de la prorogation est de trois ans.

Réponse. — Que le locataire soit le preneur initial, *qu'il soit cessionnaire* ou *sous-locataire,* la prorogation est acquise.

Durée : La partie du bail restant à courir est de trois ans, un mois, la prorogation de trois ans, soit, en tout, 3 ans 1 mois + 3 ans = 6 ans 1 mois.

Date d'expiration : 23 novembre 1925. En fait, la prorogation expirera avec le terme en cours à cette date, soit, à Paris, le 1er janvier 1926.

2e *exemple.* — Le bail est en cours. Il restait huit ans, un mois, à courir au 24 octobre 1919. La durée de la prorogation est de deux ans.

Réponse. — Même réponse que ci-dessus, mais la totalisation de la partie du bail restant à courir et de la prorogation dépassant neuf ans, le locataire perd le surplus de la prorogation.

La date de l'expiration de la prorogation est le 24 octobre 1928. Cependant, le terme en cours devant être terminé, l'expiration sera, en fait, à Paris, le 1er janvier 1929.

2° Locations commerciales, industrielles ou professionnelles

Durée de la prorogation : cinq ans, deux mois, vingt-trois jours.

La totalisation de la partie du bail à courir et de la prorogation ne doit pas dépasser quinze ans.

1er *exemple.* — Le bail est en cours. Il restait huit ans, trois mois à courir au 24 octobre 1919.

Réponse. — Que le locataire soit le preneur initial ou QU'IL SOIT CESSIONNAIRE, ou sous-locataire, la prorogation est acquise.

Durée : La partie du bail restant à courir est de huit ans, trois mois; la prorogation, de cinq ans, deux mois, vingt-trois jours; soit, en tout, 8 ans 3 mois + 5 ans 2 mois 23 jours = 13 ans 5 mois 23 jours.

Date d'expiration : 17 avril 1933, avec prolongation jusqu'à la fin du terme en cours, soit, à Paris, le 1er juillet 1933.

2e *exemple*. — Le bail est en cours. Il restait quinze ans à courir au 24 octobre 1919.

Réponse. — Même réponse que ci-dessus, mais la totalisation du reste du bail et de la prorogation dépassant quinze ans, le locataire perd le surplus de la prorogation.

La date de l'expiration est le 24 octobre 1934, soit, en tenant compte du terme à finir, à Paris, le 1er janvier 1935.

Délais qui ne devaient ou ne devront pas être dépassés pour jouir de la prorogation

1° Baux écrits expirés avant le 24 octobre 1919

a) *Locataires non mobilisés*

Pour profiter de la prorogation, les locataires non mobilisés, dont le bail a expiré avant le 24 octobre 1919, ont dû notifier leur volonté de profiter de la prorogation dans les délais suivants :

1er *cas*. — Il n'y a pas eu congé valable avant l'expiration du bail. Le locataire est resté dans les lieux loués.

Réponse. — La location suit le sort des locations verbales. La notification a dû être ou doit être faite dans les vingt jours dès qu'un congé valable a été ou sera donné après la fin du bail.

2e *cas*. — Même situation. Mais congé valable a été donné après l'expiration du bail, mais avant le 4 novembre 1919.

Réponse. — La notification a dû avoir lieu le 24 novembre 1919 au plus tard.

Nota. — La loi du 23 octobre 1919 avait donné un délai supplémentaire d'un mois. A partir du 4 novembre 1919 le délai de 20 jours a commencé à jouer.

3e *cas*. — Le bail a expiré normalement entre le 1er août 1914 et le 12 septembre 1918.

Réponse. — La notification a dû être faite le 12 septembre 1918 au plus tard.

Nota. — La loi du 9 mars 1918 avait donné un délai général qui expirait le 12 septembre 1918. A partir du 12 septembre 1918, le délai de 3 mois commence à jouer.

4e *cas*. — Le bail a expiré normalement entre le 12 septembre 1918 et le 24 octobre 1919.

Réponse. — La notification a dû être faite dans les trois mois.

b) *Locataires mobilisés*

Les locataires mobilisés au moment où ils auraient dû notifier leur prorogation ont bénéficié d'un délai supplémentaire qui a expiré le 24 janvier 1920.

2° Baux écrits expirés après le 24 octobre 1919

La prorogation a dû ou doit être notifiée trois mois au moins avant l'expiration du bail.

EXEMPLES RELATIFS A LA SECONDE CATÉGORIE

(Nouvelles prorogations résultant de la nouvelle loi)

Démarches et délais

1er *exemple.* — La prorogation est terminée depuis le 1er janvier dernier. Il n'y a pas eu congé.

Réponse. — Le locataire a trois mois pour adresser sa lettre ou sa notification par huissier au propriétaire, soit jusqu'au 1er juillet 1922.

2e *exemple.* — Même cas, mais il y a eu congé.

Réponse. — Même délai.

3e *exemple.* — La prorogation se termine le 1er juillet prochain.

Réponse. — Le locataire doit faire sa notification d'ici là.

4e *exemple.* — La prorogation se termine le 1er octobre.

Réponse. — La notification doit être faite avant le 1er juillet.

5e *exemple.* — La prorogation se termine le 23 octobre 1922.

Réponse. — Cette prorogation est prolongée de plein droit jusqu'au terme suivant, soit, à Paris, le 1er janvier 1923. Cependant, la demande, pour plus de prudence, doit être faite avant le 23 juillet.

6e *exemple.* — Il s'agit d'une location qui n'a jamais été prorogée. Il n'y a pas eu congé.

Réponse. — Attendre le congé et adresser, dans les vingt jours qui suivront, la lettre ou la notification.

7e *exemple.* — Un locataire emménagé au terme d'avril 1922, recevant congé pour le terme d'octobre 1922, a-t-il le droit de demander une prorogation au juge?

Réponse. — Oui.

8e *exemple.* — Un locataire qui a obtenu une première prorogation par application de la nouvelle loi a-t-il le droit de demander une seconde prorogation au juge?

Réponse. — L'esprit de la loi qui subordonne l'attribution de la prorogation à l'état de la crise du logement permet de répondre affirmativement si la crise subsiste. Il y aurait donc lieu de suivre la procédure indiquée.

Dans tous ces cas, la durée de la prorogation nouvelle et l'augmentation seront, en cas de désaccord, fixées par le juge.

Durée et augmentation

Premier exemple. — La prorogation ou le bail se sont terminés normalement ou bien congé a été donné avant la loi nouvelle.

Réponse. — Pour la durée, le locataire a droit :

1° A une prorogation de *plein droit* jusqu'au terme précédant le 1er janvier 1923, soit par exemple : à Paris, le *1er octobre 1922;* dans les régions où le terme d'usage est la saint Michel, le *29 septembre 1922;* dans celles où le terme d'usage est la saint Martin, le *11 novembre 1922.*

2° A une prorogation *supplémentaire et facultative,* mais que, cependant, le juge doit accorder en tenant compte de la pénurie des locaux. Partout où, comme à Paris, cette pénurie est évidente, il faut demander le maximum, soit jusqu'au 1er janvier 1925.

Pour l'augmentation : proposer le prix le plus juste en rappelant toujours quel était le loyer en 1914, et quelles ont été les augmentations successives.

Deuxième exemple. — La location (prorogation bail, location ordinaire) expire naturellement ou expirera par congé donné par le propriétaire avant le terme précédant le 1er janvier 1923, soit, suivant les cas, avant le 1er octobre 1922, le 29 septembre ou le 11 novembre 1922.

Même réponse.

Troisième exemple. — La location expirera après le terme précédant le 1er janvier 1923.

Réponse. — Le locataire n'aura droit qu'à la prorogation supplémentaire. Mêmes règles à suivre que pour le secundo du premier exemple.

EXEMPLES RELATIFS au DROIT d'OCCUPATION du PROPRIÉTAIRE

1° Anciennes prorogations, acquises en vertu de la loi du 9 mars 1918 et 23 octobre 1919 et non terminées le 1er janvier 1923.

1er *exemple.* — Le locataire n'est ni mutilé, ni réformé de guerre, ni veuve de guerre, ni ascendant ayant recueilli la veuve ou les enfants de militaires ou de marins morts pour la France, ni bénéficiaire des lois du 31 mars 1919 et du 24 juin 1919, ni sinistré dont l'habitation a été détruite ou rendue inhabitable par fait ou accident de guerre.

Réponse. — Le propriétaire peut demander à reprendre le logement à partir du 1er janvier 1923.

2e *exemple.* — Le locataire appartient aux catégories de victimes de la guerre ci-dessus énumérées.

Réponse. — Le propriétaire ne peut demander à reprendre le logement que s'il appartient aux mêmes catégories.

Conditions que le propriétaire doit remplir pour jouir du droit d'occupation

1° Le propriétaire doit avoir notifié son intention par acte d'huissier dans les deux mois à dater de la promulgation de la loi, soit, au plus tard, le 1er juin 1922.

2° Il ne peut réclamer le local que pour son *habitation personnelle.*

2° Nouvelles prorogations, résultant de la dernière loi

Nota. — Il est à remarquer que, par une anomalie singulière, l'exercice du droit d'occupation du propriétaire n'est pas soumis aux mêmes conditions pour les prorogations résultant de la dernière loi que pour celles résultant des lois de 1918 et 1919.

Exemple. — Le locataire réunit toutes les conditions pour obtenir la nouvelle prorogation.

2 cas :

1er *cas.* — Le locataire n'est ni mutilé ou réformé de guerre, ni veuve de guerre, ni ascendant ayant recueilli la veuve ou les enfants de militaires ou de marins morts pour la France, ni bénéficiaire des lois du 31 mars et 24 juin 1919, ni sinistré dont l'habitation a été détruite ou rendue inhabitable par fait ou accident de guerre, *ni chef de famille ayant au moins trois enfants habitant avec lui ou à sa charge, ni vieillard âgé de 70 ans, ni atteint d'une maladie ou infirmité grave dûment constatée.*

Réponse. — Le propriétaire et le juge peuvent refuser la nouvelle prorogation.

2e *cas.* — Le locataire appartient aux catégories sus-indiquées.

Réponse. — Le propriétaire ne peut obtenir le logement que s'il appartient lui-même à ces catégories.

Conditions auxquelles le droit du propriétaire est subordonné

1° Le droit du propriétaire ne s'applique qu'aux locaux d'habitation, à l'exclusion des locaux industriels, commerciaux et professionnels.

2° Le propriétaire ne peut demander le logement que pour son habitation personnelle, celle de ses descendants ou ascendants, ou encore celle des descendants ou ascendants de son conjoint.

3° Le propriétaire doit justifier d'un motif légitime. Cette condition exclut le propriétaire qui disposerait déjà de logements suffisants pour les besoins invoqués, ainsi que celui qui poursuivrait des buts somptuaires, etc.

4° Les propriétaires de fractions d'immeubles ou d'étages ne peuvent profiter du droit d'occupation que s'ils sont acquéreurs avant le 1er février 1922.

5° Les propriétaires ne pourront exercer leur droit qu'une seule fois au profit de chacun des bénéficiaires énumérés par la loi.

6° Le propriétaire qui n'aura pas occupé le local dans les conditions prévues dans un délai de trois mois à dater du départ du locataire et pendant une durée minima d'une année, devra au locataire congédié une indemnité qui ne pourra être inférieure à deux années de loyer du local en question.

Coopératives

Une société coopérative ayant acquis un immeuble pour y loger ses adhérents pourrait réclamer en leur faveur le bénéfice du droit d'occupation du propriétaire.

LOI NOUVELLE

(promulguée le 1er Avril 1922)

TITRE PREMIER

Article premier. — Sauf les droits résultant d'une décision judiciaire ayant acquis l'autorité de la chose jugée ou d'accords intervenus entre les parties, le point de départ de la prorogation accordée aux locataires par l'article 56 de la loi du 9 mars 1918, complété par l'article premier de la loi du 23 octobre 1919, est fixé au 24 octobre 1919 pour les baux expirés antérieurement à cette date et à la date d'expiration du bail pour ceux venus ou venant à expiration postérieurement.

Pour les locations verbales, la prorogation a commencé à courir, qu'il y ait eu congé ou non, le premier jour du terme qui a suivi la notification faite par lettre ou par acte extrajudiciaire de la volonté du locataire de profiter des dispositions des lois susindiquées. Si la notification a été faite antérieurement au 24 octobre 1919, la prorogation n'a commencé à courir qu'à partir de cette date.

Toutefois, ladite prorogation ne pourra avoir pour effet de prolonger le bail ou la location au delà de neuf ans pour les locaux d'habitation, ou de quinze ans pour les locaux commerciaux, industriels ou professionnels, à compter du 24 octobre 1919.

Les locataires appelés à bénéficier des prorogations prévues par les lois des 9 mars 1918 et 23 octobre 1919 devront, en sus du prix du loyer et à compter du terme qui suivra la promulgation de la loi, contribuer, chacun pour sa part et au prorata du prix de son loyer, à l'augmentation qui s'est produite, depuis le 1er août 1914, dans les impôts et taxes de toute nature grevant l'immeuble loué, à l'exception de l'impôt sur le revenu de la propriété foncière, et à l'augmentation subie depuis le 1er août 1914 des prestations payées pour la commodité des locaux.

Ils devront, en outre, pour contribuer dans les mêmes conditions à l'augmentation subie par les dépenses d'entretien, payer 5 % du prix du loyer tel qu'il était en 1914.

Ne supporteront pas cette double augmentation :

1° Les locataires dont le loyer a été augmenté en vertu d'une convention postérieure au 1er août 1914;

2° Les locataires qui bénéficient de la prorogation au titre de mobilisés et qui l'ont été dans la zone des armées;

3° Les réfugiés des régions libérées, lorsqu'ils sont petits locataires, aux termes de l'article 15 de la loi du 9 mars 1918, et qu'à raison de la destruction de leur domicile d'avant-guerre, ils ne peuvent pas se réinstaller dans les régions dévastées par la guerre.

Dans tous les cas, la durée de ces prorogations sera prolongée d'un délai suffisant pour achever le terme d'usage.

A dater de la promulgation de la présente loi, tout locataire qui, appelé à bénéficier d'une prorogation, a sous-loué ou sous-louera avec bénéfices, sans accord préalable avec le propriétaire, devra supporter, pour le temps correspondant à la durée de cette sous-location, une augmentation du prix du loyer originaire proportionnée aux bénéfices réalisés.

Aucune prorogation n'est opposable par un locataire qui n'a pas été mobilisé à un propriétaire qui, l'ayant été, voudra réintégrer l'immeuble qu'il habitait avant la guerre ou dans lequel il exerçait sa profession.

Art. 2. — Pour les locaux à usage commercial, industriel ou professionnel, les articles 56 et 58 de la loi du 9 mars 1918, ainsi que l'article premier, paragraphe 3, de la présente loi, sont applicables aux cessionnaires ou sous-locataires, quelle que soit la date de la cession ou de la sous-location.

Cette disposition ayant un caractère interprétatif, les cessionnaires ou sous-locataires seront recevables à réclamer la prorogation, nonobstant toute décision contraire, même passée en force de chose jugée, à l'exception seulement des décisions qui auraient été exécutées et à la condition de formuler leur réclamation dans les formes prévues par la présente loi et au plus tard dans les trois mois de sa promulgation.

Art. 3. — Sont réputés locaux à usage professionnel, au sens de l'article 56 de la loi du 9 mars 1918, les locaux dans lesquels les locataires exercent effectivement leur art ou leur profession et ceux-ci seront admis à réclamer la prorogation, nonobstant toute décision contraire, même passée en force de chose jugée, à l'exception seulement des décisions qui auraient été exécutées et à la condition de formuler leur réclamation conformément à l'article qui précède.

Il en est de même pour les locaux occupés par des établissements d'utilité publique et des œuvres de bienfaisance, d'assistance et de prévoyance sociales.

Art. 4. — Les prorogations prévues à l'article 56 de la loi du 9 mars 1918 cesseront d'être opposables à partir du 31 décembre 1922 aux bailleurs mutilés ou réformés de guerre, aux veuves de guerre, aux ascendants ayant recueilli la veuve ou les enfants de militaires ou de marins morts pour la France, aux bénéficiaires des lois du 31 mars 1919 et du 24 juin 1919, aux sinistrés dont l'habitation a été détruite ou rendue inhabitable par fait ou accident de guerre, à moins cependant que le locataire ne rentre dans une des catégories ci-dessus visées. Les bailleurs susdésignés, à peine de forclusion, devront faire connaître, dans le délai de deux mois, à partir de la promulgation de la présente loi, leur volonté de reprendre les locaux loués pour leur habitation personnelle. La notification aura lieu par acte extrajudiciaire, conformément à l'article 58 de la loi du 9 mars 1918.

Art. 5. — Les bailleurs dont le droit à indemnité de 50 % pour pertes de loyers a été consacré par l'article 29 de la loi du 9 mars 1918 et qui ont été déclarés forclos, à raison de retard dans la production de leur demande d'indemnité, sont admis à présenter une nouvelle demande dans un délai d'un an à dater de la promulgation de la présente loi.

Art. 6. — Les ministères et administrations publiques dépendant de l'Etat, autres que les services des finances, des postes et des télégraphes, des pensions et des régions libérées, devront avoir abandonné, avant le 1er juillet 1922, les locaux privés à usage d'habitation qu'ils ont occupés postérieurement au 1er août 1914.

TITRE II

ART. 7. — Tous les locataires pouvant invoquer le bénéfice du titre II de la présente loi seront maintenus de plein droit, jusqu'au terme d'usage qui précédera le 1er janvier 1923, en possession des locaux par eux occupés, aux conditions de la loi du 6 janvier 1922.

En outre, à titre exceptionnel, à raison de la pénurie des logements et en l'absence de conventions contraires intervenues postérieurement au 23 octobre 1919 dans le département de la Seine et dans un rayon de 50 kilomètres des fortifications de Paris, dans les communes d'une population totale d'au moins 10.000 habitants, et dans les agglomérations distantes de 5 kilomètres de ces communes, dans celles où le recensement de 1921 accuse soit un accroissement de la population municipale, soit un accroissement du nombre des foyers, et dans les régions libérées, quelle que soit l'importance de la population, il pourra être accordé une prorogation de jouissance à tous les locataires, cessionnaires et sous-locataires dont les baux et locations sont venus ou viendront à expiration avant le 1er janvier 1925. Cette prorogation pourra être accordée dans toute la France aux réfugiés des département dévastés qui justifieront que les immeubles de leur commune d'origine sont encore détruits ou, s'ils sont propriétaires, que leur immeuble d'habitation n'est pas encore reconstruit.

En aucun cas, les prorogations accordées aux locataires, cessionnaires, sous-locataires, ne pourront être opposées aux cautions dont les obligations prendront fin aux dates fixées primitivement par la convention.

ART. 8. — La durée de la prorogation prévue au paragraphe 2 de l'article 7, qui ne devra être ni inférieure à trois mois, ni dépasser le 1er janvier 1925, sera fixée suivant la condition respective des parties, l'état des locaux vacants dans la région et toutes les circonstances de la cause, l'expiration devant toujours coïncider avec un terme d'usage.

ART. 9. — N'ont pas droit au bénéfice des prorogations de l'article 7 :

1° Les étrangers n'ayant pas combattu ni servi, ou dont les enfants ou gendres n'auront pas combattu ou servi dans les diverses formations des armées françaises, alliées ou associées;

2° Les locataires, sous-locataires et cessionnaires de locaux de plaisance;

3° Les locataires, cessionnaires et sous-locataires ayant plusieurs habitations, à moins qu'ils ne justifient que leur fonction ou leur profession les y oblige, ou que les locaux d'habitation loués par eux en sus de leur habitation personnelle sont occupés par leurs ascendants ou descendants ou ceux de leur conjoint;

4° Les occupants de locaux d'habitation pour lesquels le logement constitue un des accessoires du contrat du louage de services.

ART. 10. — Pour être admis au bénéfice des prorogations de l'article 7, les locataires, cessionnaires et sous-locataires devront :

1° Avoir satisfait à toutes les obligations imposées par leurs contrats, les usages locaux ou les décisions judiciaires intervenues;

2° Occuper et s'engager à occuper, dans la plus grande partie, par eux-mêmes ou par les membres de leur famille l'occupant antérieurement avec eux, l'immeuble objet de la prorogation;

3° S'engager à payer et payer, pendant toute la durée de la prorogation, une majoration du prix du loyer en rapport avec l'augmentation des charges, les améliorations et la valeur réelle des locaux.

Le juge pourra refuser la majoration, s'il estime que, pour les locations récentes, elle n'est pas justifiée.

Dans le cas où le preneur n'exécuterait pas, en cours de prorogation, l'une des conditions énoncées ci-dessus, il sera déchu du bénéfice de la prorogation et sera dès lors régi par le droit commun.

Le loyer des locaux reconnus insalubres ne pourra être l'objet d'aucune augmentation.

L'insalubrité des locaux sera établie :

a) Dans les villes de plus de 20.000 habitants, par le bureau de l'hygiène prévu par la loi du 15 février 1902;

b) Dans les autres communes, par les commissions sanitaires de circonscription.

Ces décisions seront susceptibles d'appel devant les conseils de préfecture, qui pourront ordonner une expertise.

La liste de ces locaux sera consignée sur un registre déposé à la mairie.

Art. 11. — L'assiette du privilège ou des droits et actions du bailleur pourra être limitée par les parties à une portion déterminée et suffisante du mobilier garnissant les locaux loués et servant de gage spécial à sa créance. Le bailleur pourra, si le locataire quitte les lieux loués avant le complet payement des loyers encore dus et sans fournir une caution suffisante, réaliser le gage affecté à sa créance.

Néanmoins, le privilège du bailleur ne pourra s'exercer sur les meubles, effets mobiliers, ustensiles et objets nécessaires à la nourriture, au coucher et au travail du locataire et des membres de sa famille.

Art. 12. — Les locataires dont les loyers d'avance ont été utilisés conformément à l'article 25 de la loi du 9 mars 1918 ne sont pas tenus de les reconstituer.

Art. 13. — Le droit à la prorogation instituée par le paragraphe 2 de l'article 7 n'est pas opposable au propriétaire qui justifiera d'un motif légitime pour occuper par lui-même ou faire occuper par ses ascendants ou descendants ou par ceux de son conjoint, à titre d'habitation, un local d'habitation, sauf si le locataire appartient à une des catégories suivantes : mutilés ou réformés de guerre, veuves de guerre, ascendants ayant recueilli la veuve ou les enfants de militaires ou de marins morts pour la France, bénéficiaires des lois des 31 mars et 24 juin 1919, sinistrés dont l'habitation a été détruite ou rendue inhabitable par fait ou accident de guerre, chefs de famille ayant au moins trois enfants mineurs habitant avec eux ou à leur charge, ou si le locataire est âgé de soixante-dix ans ou atteint d'une maladie ou infirmité grave dûment constatée; si le propriétaire lui-même ou ses enfants appartiennent eux-mêmes à une de ces catégories, le droit à une prorogation ne leur est pas opposable.

La disposition du premier alinéa du présent article n'est pas applicable aux propriétaires de fractions d'immeubles dont les acquisitions, autrement que par succession, n'ont pas date certaine avant le 1er février 1922 ou qui, postérieurement à cette date, auront acquis un appartement provenant d'un fractionnement d'immeuble effectué antérieurement.

Ce droit ne pourra être exercé qu'une seule fois au profit de chacun des bénéficiaires ci-dessus énoncés.

Art. 14. — Le propriétaire ayant excipé des dispositions du paragraphe 1er de l'article précédent et qui, dans le délai de trois mois à dater du départ du locataire et pendant une durée minima d'une année, n'aura pas occupé l'immeuble, devra au locataire congédié une indemnité qui ne pourra pas être inférieure à deux années de loyer du local précédemment occupé.

Art. 15. — Aucun local affecté à l'habitation ne pourra être transformé en établissement de spectacles publics ou de danse, ou en local commercial ou industriel, jusqu'au 1er janvier 1925.

Toute infraction à la présente disposition constitue une contravention poursuivie en vertu du paragraphe 15 de l'article 471 du Code pénal. Le juge de police devra ordonner la réaffectation des lieux en locaux d'habitation dans le délai qu'il impartira.

Faute d'exécution dans le délai imparti, le propriétaire et l'occupant seront traduits devant le tribunal correctionnel et passibles d'une amende de deux mille francs à dix mille francs (2.000 fr. à 10.000 fr.). Le tribunal devra, en outre, ordonner l'exécution, aux frais des parties, des travaux de réaffectation.

Art. 16. — Les prorogations accordées par les différentes lois, y compris la présente, ne pourront ouvrir droit à des dommages-intérêts au profit soit d'un acquéreur de l'immeuble, soit d'une personne ayant loué à bail dans cet immeuble antérieurement à la promulgation de la présente loi. D'autre part, si la prise de possession d'un local loué à bail dans ces conditions se trouve retardée, le locataire futur qui voudrait résilier la convention devra, en ce cas, déclarer sa volonté de résilier la convention dans les trois mois de la promulgation de la présente loi.

Art. 17. — Lorsqu'il s'agit de locaux à usage d'habitation, toute exigence du bailleur, de ses agents ou préposés, ou toute convention tendant à imposer au preneur, soit sous forme de reprise de mobilier, soit sous forme de remise d'argent supplémentaire, un prix de location qui ne serait pas proportionné à la valeur du local, seront considérées comme illicites et frappées comme telles de nullité. En outre, toutes personnes les ayant frauduleusement exigées seront passibles des peines prévues à l'article 419 du Code pénal, les dispositions des articles 1116 et suivants du Code civil restant applicables, s'il y échet, pour les locaux à usage commercial ou industriel.

Art. 18. — A défaut d'accord amiable, pour obtenir le bénéfice de la prorogation prévue à l'article 7, le locataire devra, soit par lettre recommandée, soit par acte extrajudiciaire, faire connaître au bailleur la durée et les conditions de la prorogation sollicitée.

Cette demande devra être formée trois mois au moins avant l'expiration du bail écrit ou de la prorogation déjà acquise. S'il s'agit d'une location verbale déjà dénoncée par congé, la demande doit être formée dans les trois mois de la promulgation de la présente loi; s'il s'agit d'une location verbale en cours, la demande doit être formée dans les vingt jours de la réception du congé, lequel, à peine de nullité, devra expressément mentionner ce délai.

Aucune forclusion ne pourra être invoquée avant l'expiration du délai de trois mois à compter de la promulgation de la présente loi.

Dans les vingt jours de la réception de la demande de prorogation, le bailleur notifiera, en la même forme, au locataire s'il accepte la proposition ou sur quels points il entend la contester.

Faute de réponse dans ledit délai ou en cas de désaccord, la partie la plus diligente saisira, par lettre recommandée ou déclaration faite au greffe, le juge de paix, quand le prix du loyer en cours ne dépassera pas mille francs (1.000 francs), et, dans tous les autres cas, lè président du tribunal civil de la situation de l'immeuble, lequel pourra se faire remplacer par un magistrat du siège ou un juge assesseur.

Le juge de paix, le président ou le juge délégué convoquera, par lettre recommandée du greffier avec avis de réception, les parties qui, sauf en cas d'excuse jugée valable, comparaîtront en personne et pourront se faire assister ou représenter devant le juge de paix par tous mandataires de leur choix et, pour les affaires ressortissant au tribunal de première instance, par un avocat régulièrement inscrit ou un avoué exerçant près ce tribunal.

Le juge aura pour mission de concilier les parties. Il devra dresser procès-verbal, soit de la non-conciliation, soit de l'accord intervenu. Dans ce dernier cas, le procès-verbal sera revêtu de la formule exécutoire. Les parties pourront, par une demande signée de chacune d'elles, donner au juge tout pouvoir de trancher leur différend comme arbitre amiable compositeur en dernier ressort, avec dispense de toutes formalités judiciaires, et s'engager à tenir sa décision comme règle de leurs accords réciproques.

Faute de comparution ou de représentation, ou à défaut de conciliation, l'affaire sera portée par le juge de paix à son audience, ou par le juge conciliateur devant le tribunal qui statuera en chambre du conseil, sur son rapport et sans autre procédure, et dont pourront faire partie les juges assesseurs.

Les parties seront avisées huit jours au moins à l'avance du jour de l'audience par lettres recommandées, expédiées par le greffier; elles pourront s'y présenter ou s'y faire représenter de la manière et en la forme sus-indiquées.

La décision du juge de paix ou du tribunal sera rendue en dernier ressort et ne pourra être attaquée que par la voie du recours devant la commission supérieure instituée par la loi du 14 décembre 1920, en se conformant aux règles de l'article 51 de la loi du 9 mars 1918 et de l'article 4 de la loi du 14 décembre 1920.

Le greffiér recevra les émoluments fixés par le tarif général du décret du 29 décembre 1919.

La même procédure sera suivie pour toutes les instances non encore introduites, ainsi que pour le jugement des affaires renvoyées après cassation par arrêt postérieur à la promulgation de la présente loi, relatives à l'application des lois des 9 mars 1918, 4 janvier et 23 octobre 1919, et 4 mai 1920, et le titre Ier de la présente loi concernant les loyers.

Les commissions arbitrales sont supprimées, leurs archives seront déposées aux greffes des tribunaux dans le ressort desquels elles fonctionnent. Elles continueront à juger les affaires inscrites au greffe pour conciliation.

En raison de la suppression des commissions arbitrales, au cas d'accord intervenu entre les parties avant la promulgation de la présente loi, dans la procédure de conciliation prévue par la loi du 9 mars 1918, le procès-verbal de l'accord sera délivré aux parties, sur leur demande, revêtu de la formule exécutoire.

TITRE III

Art. 19. — Dans les villes placées sous l'empire du décret du 26 mars 1852, l'article 5 de ce décret cessera d'être applicable jusqu'au 31 décembre 1924.

Dans celle où, en vertu d'arrêtés ou de règlements municipaux, des réparations de peinture ou de blanchiment des maisons pourraient être ordonnées, celles-ci seront suspendues jusqu'à la même date.

Les réparations aux façades des maisons et aux murs des cours intérieures ne pourront être imposées aux propriétaires que par voie d'arrêtés individuels exclusivement fondés sur la sécurité ou l'hygiène publique.

Sont caducs tous arrêtés antérieurement pris contraires à la présente disposition.

Art. 20. — L'exemption temporaire d'impôt foncier dont bénéficient, en vertu de l'article 9 de la loi du 8 août 1890, les constructions nouvelles, les reconstructions et les additions de construction, est portée à quinze ans, à compter de l'année qui suivra celle de leur achèvement, pour les constructions nouvelles, reconstructions et additions de construction commencées et non encore terminées, ainsi que pour celles qui seront entreprises postérieurement à la promulgation de la présente loi, pourvu qu'elles soient achevées avant le 31 décembre 1927.

Elle est, en outre, étendue, en ce qui concerne les mêmes immeubles ou portions d'immeubles, à la contribution des portes et fenêtres, ainsi qu'aux taxes spéciales perçues au profit des départements et des communes.

Sont toutefois exclus du bénéfice des dispositions qui précèdent :

1° Les immeubles ou portions d'immeubles affectés à un autre usage que l'habitation;

2° Les immeubles ou portions d'immeubles construits par les sinistrés de la guerre ou leurs ayants droit et ayant donné lieu à l'attribution de l'indemnité prévue par le premier alinéa de l'article 4 de la loi du 17 avril 1919, relative à la réparation des dommages de guerre;

3° Les habitations d'agrément, de plaisance ou servant à la villégiature.

Les immeubles ou portions d'immeubles appelés à bénéficier des immunités fiscales instituées par le présent article qui seraient ultérieurement affectés à un autre usage que l'habitation cesseront d'avoir droit à ces immunités à compter de l'année immédiatement postérieure à celle de leur transformation, sans toutefois pouvoir être soumis à la contribution foncière avant l'expiration du délai d'exemption fixé par l'article 9 de la loi du 8 août 1920.

Art. 21. — Aucune des dispositions provisoires restrictives du droit de propriété pouvant résulter soit de la présente loi, soit des lois du 9 mars 1918, du 23 octobre 1919 et du 1er mars 1921, n'est applicable aux immeubles construits ou affectés à l'habitation postérieurement à la promulgation de la présente loi.

Art. 22. — Toute modification des immeubles actuellement existants, quand elle aura pour but de créer de nouveaux locaux d'habitation, ne pourra ouvrir aucun droit à une demande d'indemnité de la part des locataires de la même maison, jusqu'au 1er janvier 1928.

Si, cependant, les travaux étaient de telle nature qu'ils rendent inhabitable ce qui est nécessaire au logement du locataire et de sa famille, celui-ci pourra demander la résiliation du bail ou une diminution du loyer.

Art. 23. — Toute renonciation au bénéfice de la présente loi et antérieure à sa promulgation sera réputée non écrite, sauf dans les cas formellement prévus par la présente loi.

Art. 24. — La présente loi est applicable à l'Algérie.

Des décrets, rendus dans un délai de six mois, édicteront, dans les colonies et pays de protectorat français autres que la Tunisie et le Maroc, les dispositions qui pourront être nécessaires.

Art. 25. — Toutes dispositions contraires à la présente loi sont abrogées.

La présente loi, délibérée et adoptée par le Sénat et par la Chambre des députés, sera exécutée comme loi de l'Etat.

Fait à la Rochelle, le 31 mars 1922.

Par le président de la République : A. Millerand.

Le garde des sceaux, ministre de la Justice,
Louis Barthou.

ANNEXE 1

Liste des Lois antérieures sur les Loyers (de 1918 à 1922)

Loi du 9 mars 1918, dont l'article 56 accorde une prorogation de deux ans aux locataires de locaux à usage d'habitation, une prorogation de 5 ans, 2 mois, 23 jours, durée légale des hostilités, aux locataires de locaux à usage commercial, industriel et professionnel et une prorogation égale à la durée de leur mobilisation aux petits locataires mobilisés pendant plus de deux ans, à la condition, dans les trois cas, que la location fût en cours au 1er août 1914.

Loi du 4 janvier 1919, donnant, en cas de location verbale, au locataire, la faculté de faire sa demande de prorogation à toute époque de la location, mais décidant que désormais il doit, en cas de congé, faire cette demande dans un délai de vingt jours à dater de la réception du congé.

Loi du 14 juin 1919, établissant qu'un règlement d'administration publique fixera pour l'Algérie les conditions d'application de la loi du 9 mars 1918.

Loi du 23 octobre 1919, donnant la prorogation aux baux et locations verbales renouvelés pendant la guerre entre les mêmes parties ou leurs ayants droit pour les mêmes locaux et pour les mêmes prix et accordant, pour les locaux à usage d'habitation, aux cessionnaires et sous-locataires, les mêmes droits qu'aux locataires cédants ou principaux.

Loi du 23 octobre 1919, sur la spéculation illicite en matière de loyers.

Loi du 25 octobre 1919, réglant les droits et obligations résultant des baux d'immeubles atteints par faits de guerre ou situés dans les localités évacuées ou envahies.

Loi du 4 mai 1920, donnant pour les baux de locaux à usage d'habitation passés pendant la guerre une prorogation de deux ans à dater du 24 octobre 1919, aux mutilés, réformés de guerre, veuves de guerre, ascendants de militaires morts pour la France ayant recueilli la veuve ou les enfants de ceux-ci, pensionnés de la guerre, sinistrés dont l'habitation a été détruite par fait de guerre.

Loi du 10 août 1920, prolongeant le délai fixé aux propriétaires pour le dépôt de leur demande d'indemnité pour perte de loyers.

Loi du 14 décembre 1920, instituant une Commission supérieure près la Cour de cassation pour juger les pourvois contre les décisions des commissions arbitrales.

Loi du 31 décembre 1920 (article 63 de la loi sur les crédits provisoires) accordant un nouveau délai aux propriétaires pour le dépôt de leur demande d'indemnité pour perte de loyers.

Loi du 1er mars 1921 sur le maintien en jouissance des locataires de bonne foi jusqu'au 1er juillet 1921.

Loi du 2 avril 1921 établissant le droit du propriétaire à demander dans un délai de trois mois à la commission arbitrale d'examiner s'il y a lieu de maintenir la prorogation accordée précédemment à un locataire ayant réalisé des bénéfices de guerre.

Loi du 16 juillet 1921 sur le maintien en jouissance des locataires de bonne foi jusqu'au 1er avril 1922.

Loi du 31 décembre 1921 (art. 4 et 6 de la loi de finances) autorisant l'imputation des contributions et taxes municipales restant dues de 1914 à 1919 sur le montant de l'indemnité accordée pour perte de loyer aux propriétaires et permettant à ceux qui ont droit à un dégrèvement de surseoir au payement de la partie des contributions dont ils sont fondés à demander le dégrèvement.

Loi du 6 janvier 1922 accordant aux locataires de bonne foi un sursis d'expulsion jusqu'au 1er avril 1922.

ANNEXE 2

Extraits de la Loi initiale sur les Loyers du 9 Mars 1918

Articles 15, 56, 57, 58 (complété par l'article 1er de la loi du 4 Janvier 1919) et 62

Définition des "petits loyers"

EXTRAIT DE L'ARTICLE 15. — Sont dits « petits loyers » :

a) A Paris, dans le département de la Seine et dans les communes de la banlieue placées dans un rayon de 25 kilomètres des fortifications de Paris :

Logements d'un loyer inférieur ou égal à 500 fr., si le locataire est célibataire; à 600 fr., s'il est marié;

b) Dans les communes de 100.001 habitants et au-dessus, et dans les communes dont la distance des fortifications de Paris est supérieure à 25 kilomètres, sans excéder 40 kilomètres et ayant plus de 2.500 habitants :

Logements dont le loyer est inférieur ou égal à 350 fr., si le locataire est célibataire; à 400 fr., s'il est marié;

c) Dans les communes de 10.001 à 100.000 habitants :

Logements d'un loyer inférieur ou égal à 250 fr., si le locataire est célibataire; à 300 fr., s'il est marié;

d) Dans les communes de 5.001 à 20.000 habitants :

Logements d'un loyer inférieur ou égal à 150 fr., si le locataire est célibataire; à 200 fr., s'il est marié;

e) Dans les communes de 1.001 à 5.000 habitants :

Logements d'un loyer inférieur ou égal à 100 fr., si le locataire est célibataire; à 150 fr., s'il est marié;

f) Dans les communes de moins de 1.000 habitants :

Logements d'un loyer inférieur ou égal à 75 fr., si le locataire est célibataire; à 100 fr., s'il est marié.

Les chiffres prévus aux alinéas précédents seront majorés de 100 francs, par enfant de moins de seize ans ou autre personne à la charge du locataire et pour chaque fils ou membre de la famille mobilisé qui habitait sous le même toit, dans les villes et communes comprises dans les catégories *a*) et *b*); de 75 fr. dans les villes et communes comprises dans la catégorie *c*); de 50 fr. dans les autres communes.

Articles relatifs aux prorogations

ART. 56. — Les baux et locations verbales en cours au 1er août 1914 seront prorogés à la demande du locataire, aux conditions fixées au bail et à compter du décret fixant la cessation des hostilités, savoir :

1° Ceux afférents à des locaux à usage commercial, industriel ou professionnel, d'une durée égale au temps écoulé entre le décret de mobilisation et le décret fixant la cessation des hostilités;

2° Ceux afférents à des locaux à usage d'habitation, d'une durée de deux années.

Toutefois, en ce qui concerne les locaux d'habitation rentrant dans la catégorie des petits logements prévus à l'article 15 et dont le locataire mobilisé sera resté plus de deux années sous les drapeaux, la durée de la prorogation sera égale au temps pendant lequel ce locataire aura été mobilisé.

Seront également prorogés, dans les mêmes conditions, au profit des locataires maintenus dans la vie civile par le décret de mobilisation, mais postérieurement mobilisés en vertu d'ordres individuels, les baux et locations verbales par eux contractés entre le 1er août 1914 et la date de leur mobilisation.

Dans le silence du bail, la commission arbitrale aura compétence pour juger si le bailleur peut se prévaloir du fait d'une modification survenue dans la nature du commerce ou de l'industrie pour se refuser à la prorogation du bail.

Art. 57. — Sont exceptés des dispositions des paragraphes 1, 2, 3, 4 et 5 de l'article qui précède, les locataires à l'égard desquels le bailleur aura prouvé, devant la commission arbitrale, qu'ils ont réalisé des bénéfices exceptionnels de guerre dans les conditions prévues par la loi du 1er juillet 1916.

Dans ce cas, la commission arbitrale statuera sur la demande de prorogation.

Art. 58. — Les locataires mobilisés devront, à peine de forclusion, faire connaître leur volonté au bailleur, par acte extrajudiciaire, au plus tard dans les trois mois qui suivront le décret fixant la date de la cessation des hostilités.

Les locataires non mobilisés devront faire connaître leur intention au plus tard trois mois avant l'expiration du bail. Si le bail est expiré au moment de la promulgation de la loi ou s'il doit expirer moins de six mois après cette promulgation, ils devront faire connaître leur intention six mois au plus tard après ladite promulgation. (Loi du 4 janvier 1919. — Pour les locations verbales, les locataires peuvent faire leur notification à toute époque de la location. Toutefois, les locataires ayant reçu congé postérieurement à la promulgation de la présente loi, doivent faire leur notification au plus tard le vingtième jour après la réception du congé).

Art. 62. — Sont seuls admis au bénéfice de la présente loi :

1° Les Français, les Alsaciens-Lorrains et les protégés français;

2° Les citoyens, les sujets et ressortissants des pays alliés;

3° Ceux des sujets étrangers qui seront admis à s'en prévaloir par un décret rendu sur la proposition du ministre des Affaires étrangères. (Le Décret a été pris le 29 août 1918.)

ANNEXE 3

Extrait de la Loi du 23 Octobre 1919

ARTICLE PREMIER. — L'article 56 de la loi du 9 mars 1918 est complété par les dispositions suivantes :

« Seront assimilés aux baux et locations verbales en cours au 1er août 1914, les baux et locations verbales renouvelés entre les mêmes parties contractantes ou leurs ayants droit et pour les mêmes locaux, à la condition que le prix du nouveau bail ne soit pas inférieur à celui du bail primitif.

« On entend par bail primitif celui qui était en cours au 1er août 1914.

« Les dispositions du paragraphe 7 du présent article ne seront pas applicables dans tous les cas où le bailleur aura vendu l'immeuble qu'il occupait ou qu'il aura été privé du logement qu'il habitait lorsqu'il a consenti le renouvellement dont il s'agit. »

ART. 2. — Si le prix du nouveau bail contracté entre les personnes et pour les locaux visés à l'article précédent est inférieur à celui du bail primitif, le preneur bénéficiera, néanmoins, sur simple notification faite dans le délai prévu à l'article 5 de la présente loi, de la prorogation visée à l'article 56 de la loi du 9 mars 1918, mais aux conditions du bail primitif.

ART. 3. — La prorogation de plein droit, sauf pour le cas visé à l'article 2 de la présente loi, a toujours lieu aux conditions de prix convenues en dernier lieu entre les parties. Il n'est point tenu compte des réductions amiablement consenties ou accordées par décision de la Commission arbitrale pour la durée de la guerre et les six mois qui suivront le décret portant fixation de la cessation des hostilités.

ART. 4. — Les cessionnaires et sous-locataires du bail ont droit à la prorogation instituée par l'article 56 de la loi du 9 mars 1918 et par la présente loi dans les mêmes conditions que le locataire, pourvu que la cession ou sous-location soit antérieure à la promulgation de la présente loi s'il s'agit de locaux à usage d'habitation.

ART. 5. — Les articles 57, 58 et 59 de la loi du 9 mars 1918 et l'article premier de la loi du 4 janvier 1919 sont applicables aux prorogations prévues par la présente loi. Toutefois, un délai de trente jours francs à compter de sa promulgation est accordé aux intéressés pour procéder à la notification des demandes de prorogation qui auraient dû intervenir avant l'expiration de ce délai par application des dispositions précitées.

Toutes les contestations auxquelles la présente loi donnera lieu seront jugées par la commission arbitrale des loyers.

Quand les commissions arbitrales cesseront de fonctionner, ces contestations seront soumises à la juridiction de droit commun.

ANNEXE 4

Extrait de la Loi du 1er Mars 1921

Article premier. — Le locataire d'un local à usage d'habitation personnelle qui occupera ce local au jour de la promulgation de la présente loi, et dont le contrat est arrivé ou arrivera à expiration avant le 1er juillet 1921 pourra, à défaut d'accord amiable avec le bailleur, introduire, dans le mois à dater de la promulgation de la loi, devant le président du tribunal civil statuant en référé ou devant le juge de paix pour les loyers inférieurs à six cents francs, une demande tendant à son maintien provisoire dans les lieux loués durant un délai maximum de six mois à dater de l'expiration du terme en cours au moment de la décision à intervenir.

Cette demande ne sera recevable que si le demandeur remplit les conditions ci-après :

1° Justifier qu'il a exécuté toutes les conditions imposées par son contrat, par les usages locaux ou par décision judiciaire;

2° Occuper ou s'engager à occuper, dans la plus grande partie, l'immeuble donné à bail, soit par lui-même, soit par les membres de sa famille qui l'occupaient antérieurement avec lui;

3° Prendre l'engagement, dont il lui sera donné acte dans la décision à intervenir, de payer, pendant toute la durée de la prorogation, en sus du loyer actuel, la majoration qui, à défaut d'accord amiable, *sera fixée par le juge en tenant compte de l'aggravation des charges subies par le propriétaire.*

La décision rendue ne sera susceptible ni d'opposition ni d'appel.

Art. 2. — Les dispositions de l'article premier ne pourront être invoquées par les locataires ayant réalisé des bénéfices de guerre, dans les conditions prévues par la loi du 1er juillet 1916; elles ne seront pas opposables aux veuves de guerre, ni aux titulaires des pensions militaires ou civiles accordées au titre des lois des 31 mars et 24 juin 1919, à moins que le locataire ne soit lui-même une veuve de guerre, un pensionné de l'une ou de l'autre des lois précitées ou un réfugié des régions libérées ne pouvant réintégrer son local d'habitation d'avant guerre.

En ce qui concerne les locaux d'habitation dont l'occupation n'a été consentie qu'à raison du contrat de louage de services, le juge des référés ou le juge de paix compétent statuera, à la requête de la partie la plus diligente et sans que la prorogation puisse dépasser les délais fixés à larticle premier.

Les dispositions de l'article premier ne sont pas non plus opposables au propriétaire qui prouvera qu'il va occuper réellement le local à titre d'habitation par lui-même ou par ses ascendants ou ses descendants, ou par les ascendants ou descendants de son conjoint.

ANNEXE 5

Extrait de la Loi du 6 Janvier 1922
tendant à surseoir aux Expulsions de Locataires

Article premier. — Dans tous les cas où il n'est pas intervenu une décision judiciaire définitive et en l'absence d'une convention expresse entre les parties, il sera sursis jusqu'au 1er avril 1922 à l'expulsion des locataires de bonne foi, tels qu'ils sont définis par l'article 1er de la loi du 1er mars 1921, aux conditions suivantes :

1° Justifier qu'ils ont exécuté toutes les conditions imposées par leur contrat, par les usages locaux ou par décision judiciaire;

2° Occuper ou s'engager à occuper, dans la plus grande partie, l'immeuble donné à bail, soit par eux-mêmes, soit par les membres de leur famille qui l'occupaient antérieurement avec eux;

3° Prendre l'engagement de payer, pendant toute la durée de la prorogation, en sus du loyer actuel, la majoration qui, à défaut d'accord amiable, sera fixée par le président statuant en référé ou par le juge de paix pour les loyers inférieurs à 600 fr., compte tenu des augmentations antérieures.

Art. 2. — La présente loi est applicable à Paris, dans le département de la Seine et dans un rayon de 50 kilomètres des fortifications de Paris, ainsi que dans les communes de 10.000 habitants et au-dessus, dans les localités où le dernier recensement aura révélé un accroissement de population et dans les localités dont le pourcentage de destruction par le fait de la guerre est supérieur à 20 p. 100 au moment de la promulgation de la loi.

Art. 3. — Les dispositions de l'article 1er ne sont pas applicables au propriétaire qui justifiera de la nécessité d'occuper réellement le local à titre d'habitation par lui-même ou par ses ascendants ou descendants ou par les ascendants ou descendants de son conjoint.

ANNEXE 6

Extrait de la Loi du 23 Octobre 1919
sur la spéculation illicite en matière de Loyers

Art. 6. — Pendant la période d'application de la présente loi (trois ans à dater de la promulgation, soit jusqu'au 23 octobre 1922) seront punis des peines portées en l'art. 419 du Code pénal, ceux qui, dans un but de spéculation illicite, soit individuellement, soit collectivement, auront provoqué ou tenté de provoquer la hausse du prix des baux à loyer au delà des taux que représentent l'augmentation des charges de la propriété bâtie et la concurrence naturelle et libre du commerce.

Art. 7. — Dans les villes de plus de 10.000 habitants, les propriétaires, gérants d'immeubles et de pensions de famille devront faire afficher les logements vacants dans leurs immeubles. L'affichage devra porter l'indication des prix.

En outre, partout où il existera des offices publics d'habitation institués par les municipalités, tous les logements vacants devront, avec indication des prix, être déclarés à ces offices.

Les obligations édictées par le présent article seront sanctionnées par une amende de cinq cents à vingt mille (500 à 20.000) francs.

Extrait de la Circulaire

du Garde des Sceaux, aux Procureurs de la République, en date du 28 Octobre 1919, sur la spéculation illicite en matière de loyers et l'obligation de l'affichage des locaux vacants

Les articles 6 et 7 de la loi créent un nouveau délit : la spéculation sur le prix des loyers. En outre, dans les villes de plus de 10.000 habitants, ils obligent les propriétaires, sous des sanctions pénales, à faire afficher leurs logements vacants avec l'indication des prix.

Je n'ai pas besoin d'appeler votre attention sur l'intérêt de ces dispositions, qui ont pour but de remédier à une crise extrêmement grave. Il serait utile que la plus large publicité leur fût donnée; à cet égard, il vous appartient de vous concerter avec les préfets, compétents pour inviter les maires à mettre les propriétaires au courant des nouvelles obligations qui leur sont imposées et des peines auxquelles ils s'exposeraient en persistant dans leurs anciens errements.

Extrait de la Circulaire

du Ministre du Travail et de la Prévoyance Sociale, aux Préfets, en date du 3 Janvier 1920, relative à la déclaration des locaux vacants (Loi du 23 Octobre 1919)

L'art. 7, paragraphe 2, de la loi du 23 octobre 1919 sur les spéculations illicites, dispose que « Partout où il existera des offices publics d'habitations institués par les municipalités, tous les logements vacants devront, avec indication des prix, être déclarés à ces offices. »

Je n'ai pas besoin d'insister sur l'importance de cette disposition législative qui tend à porter remède à la crise du logement.

1° Partout où il existe des offices publics municipaux d'habitations à bon marché, il conviendra, pour répondre aux vues du législateur, d'inviter ces offices à créer sans retard un service spécial destiné à recevoir les déclarations de logements vacants, par application de la disposition susvisée.

J'estime que ces déclarations devraient, autant que possible, indiquer la nature et la composition des locaux vacants, le prix et les conditions de la location ou, le cas échéant, de la sous-location. Elles pourraient être faites au moyen de cartes-formules mises à la disposition des intéressés, dont le talon serait par eux conservé et qui seraient envoyées ou remises à l'office public d'habitations à bon marché.

L'office public devrait être avisé dans les mêmes conditions de la location des logements dont la vacance aurait été déclarée.

Chaque office public tiendrait à la disposition du public un répertoire des déclarations des logements vacants. De plus, il serait bon de publier, tous les mois, un bulletin des logements vacants.

J'ajoute qu'afin de réduire au minimum les frais d'organisation et de fonctionnement du service des logements vacants, les offices publics d'habitations à bon marché auraient intérêt à faire appel à la collaboration des bureaux publics de placement dont la création, vous le savez, est légalement obligatoire dans les villes comptant plus de 10.000 habitants (art. 85 du livre Ier du Code du Travail).

2° D'autre part, dans les villes de plus de 10.000 habitants qui ne possèdent pas encore d'offices municipaux d'habitations à bon marché, ie est tout à fait désirable que les municipalités prennent le plus tôt possible, toutes mesures utiles en vue de créer des services indépendants chargés spécialement de recevoir les déclarations des logements vacants qui leur seraient volontairement faites. Elles pourraient de préférence, — comme l'ont déjà fait les municipalités de Chartres, de Melun, de Montluçon, de Saint-Brieuc et de Versailles — utiliser le concours des bureaux publics de placement. Ces bureaux sont fréquentés par une nombreuse clientèle de patrons et d'ouvriers qui, sans dérangement nouveau, pourraient fournir et obtenir tous renseignements utiles sur les logements vacants.

INDEX ALPHABÉTIQUE

TABLE DES MATIÈRES

PROCHAINEMENT

LE PROBLÈME DU LOGEMENT

(CRISE ET SOLUTION)

Par PIERRE DORMOY

Député de Paris

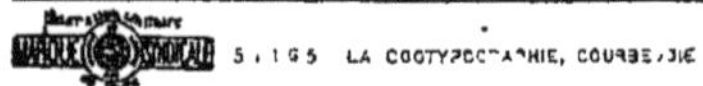
5.165 LA COOTYPOGRAPHIE, COURBEVOIE

www.ingramcontent.com/pod-product-compliance
Ingram Content Group UK Ltd.
Pitfield, Milton Keynes, MK11 3LW, UK
UKHW022144170726
13837UKWH00004B/1772

9 782329 210995